MW01596599

Learn Turkish II
Parallel Text
Easy Stories
Turkish - English

Copyright © 2015
Polyglot Planet Publishing

www.polyglotplanet.ink

© Polyglot Planet

About this Book

Learning Turkish II with parallel text is the most rewarding and effective method to learn a language. Existing vocabulary is refreshed, while new vocabulary is instantly put into practice. The Turkish grammar easily sinks in through our cleverly written and well formatted stories. Each sentence has been translated line by line making it easy to follow. No dictionary needed!

Recommended for beginners with a good basic understanding of Turkish-, intermediate level learners of Turkish and as a refreshers course. It is so easy and enjoyable even daring beginners with no prior knowledge can start learning.

While we feel anyone at any level can work with these stories, a basic understanding of Turkish would be recommended to achieve the maximum learning effect and pleasure. Our seven easy, funny stories contain European culture and characters. The stories have been written to keep the readers attention and are fun to read for you to learn through your motivation.

Table of Contents

PARALLEL TEXT

Peynir Yuvarlama Festivali
The Cheese Rolling Festival

Adım Robert. Sizlere İngiltere'de bir tarlada çılgınca bayır aşağı peynir yuvarlayanların ortasına nasıl düştüğüme dair bir hikaye anlatacağım.
My name is Robert and I'm going to tell you a story about how I ended up in the middle of an English field frantically chasing cheese down a hill.

Normandiya bölgesinde küçük bir Fransız kasabasında büyüdüm. Hatırladığım kadarıyla yemek yemek aile yaşamımızın önemli bir parçasıydı.
Growing up in a small French village in the region of Normandy, eating was a big part of our family life for as long as I can remember.

Yemek, tüm ailenin bir araya gelmesine vesile olan bir olayı temsil ederdi. Yemeğin her zaman en sevdiğim kısmı peynirin sofraya geldiği andı.
Eating represented an occasion for the whole family to get together, to share stories and to enjoy each other's company.

Fransa'da büyümüş biri olarak seçim konusunda şımartılmıştım – ülke çapında üretilen yaklaşık 400 farklı peynir çeşidi bulunuyor ve sanırım bunların hepsini denemiş olmalıyım.
My favourite part of the meal was always when the cheese was brought to the table, and being brought

6

up in France I was spoilt for choice – there are almost 400 different types of cheese produced across the nation and I think I must have tasted all of them.

Ne tür peynir olduğu farketmez – keçi peyniri, koyun peyniri, küflü peynir, inek peyniri – mümkün her peynir çeşidini yiyebiliyordum.
It didn't matter what kind of cheese it was – goat, ewe, blue, cow – if it was available I would eat it.

Ailede peyniri ne kadar sevdiğim herkes tarafından bilinirdi: Çocuk olarak biraz kilolu olduğumu duymak sizi şaşırtmayacaktır!
I became famous in my family for just how much I loved cheese: you won't be surprised to hear I was a little on the chubby side as a child!

Normandiya'da yaşadığım dönemde, Birleşik Krallık'a bağlı Kanal Adaları'ndan birisi olan Jersey'e bakarak büyüdüm.
Where I used to live in Normandy, I grew up being able to see Jersey, one of the Channel Islands that belong to the United Kingdom.

Dedem beni kucağına alır, İngiltere hakkında hikayeler anlatır ve gemiyle adalara gittiği zamanlardan bahsederdi.
My granddad used to sit me on his knee and tell me stories about England and the times he had visited the islands on the ferry.

Küçük yaşta ve meraklı olduğum için oraya gitmek isterdim.
As I was young and curious, I wanted to go there.

Oraya gidersem de peynir yemeyi isterdim.
And when I got there, I wanted to eat cheese!

Ve bir gün St. Malo adlı bir kasabadan bir gemiye atlamaya karar verdik ve kısa bir yolculuktan sonra adaya vardık.
So one day we all agreed to catch the ferry from a town called St Malo and made the short journey to the island.

Yurtdışına ilk çıkışımdı ve her şeyin ne kadar ilginç geldiğini hatırlıyorum: Konuşulan dil kulağa tuhaf geliyordu, mimari gördüklerimden çok farklıydı ve yemeklerin memleketimde yediklerimle alakası yoktu.
It was my first time abroad and I remember thinking how different everything felt: the language sounded peculiar, the architecture was different to anything I had ever seen and the food was nothing like I had tasted at home.

Çok şükür dedemin İngilizcesi iyiydi. Yemekler hakkında adalı bir dükkan sahibiyle sohbete başladı.
Luckily, my granddad could speak good English, and he started a conversation with a local shop owner about the differences in food.

Dükkan sahibine benim peyniri çok sevdiğimden bahsetti ve böylece İngiltere'deki "Cooper Tepesi Peynir Yuvarlama" Festivali'ni duymuş oldum.
He told the shop owner that I loved cheese, and this is where I first found out about a festival in England called 'Cooper's Hill Cheese Rolling'.

İngiltere'de insanların peynir yemelerinin yanında insanların peyniri bir tepeden aşağıya yuvarlayacak ve birbirleriyle mücadele edecek derecede kaliteli

olduğunu da öğrenmiş oldum.
I found out that not only did people in England have cheese, but it was so good they were willing to chase it down a hill and fight other people for it.

Lezzetli olduğu için insanların peşinden koşturduğu bir peynir?
A festival where people chased after food because it was so tasty?

Görmek için sabırsızlanıyordum.
I couldn't wait to go there.

Oraya gitmem için biraz beklemem gerekiyordu: 9 yaşındaki biri İngiltere'ye tek başına seyahat edemezdi.
Well, I had to wait a little while to get there: 9 year olds can't make the journey to England alone.

Yüksek lisans programının bir parçası olarak Londra'da bulunduğum sırada gidebilecektim.
My time to visit came later, whilst I was in England studying for a year as part of my postgraduate university course in London.

Tepeden aşağıya peynir yuvarlama hikayesi hiçbir zaman peşimi bırakmadı. Dedemle telefonda konuştuğumda kendisi bana Cooper Tepesi Festivali'ni ziyaret etmem gerektiğini söyledi.
The story about chasing cheese down a hill never left me, and while talking to my granddad on the phone, he said that I should make plans to visit the Cooper's Hill festival.

Böylece ben ve üç İngiliz arkadaşım bir öğleden

sonra kendimizi bir tepede dik bir yamaçtan aşağı peynir yuvarlamaya hazırlanan yüzlerce kişinin yanında bulduk.
So, three English friends and I found ourselves one afternoon, stood on top of a hill with literally hundreds of other people, waiting to chase a piece of cheese down a steep field.

Çılgınlık.
Madness.

Cooper Tepesi Peynir Yuvarlama Festivali, Gloucester yakınlarında bir tepede düzenlenir ve adından da anlaşılacağı üzere 9 poundluk bir Double Gloucester peynirini tepeden aşağı yuvarlamayı ve yüzlerce gözükara insanın bir peynirin peşinden yuvarlanması üzerinedir.
The Cooper's Hill Cheese Rolling festival is held near the city of Gloucester and, just like the name suggests, involves rolling a 9lbs piece of Double Gloucester Cheese down a hill whilst hundreds of daredevils chase after it.

Herkes peyniri yakalamak ister, ancak genelde kimse bunu başaramaz. Peynirin bayır aşağı saatte 70 mil hıza ulaştığı bilinmektedir.
Everyone wants to catch the cheese, but quite often no one manages to get a hand on it: it has been known to get up to speeds of 70mph on its way down!

Bu hız, İngiltere'deki otoyollarında azami hıza eşittir.
That's the same as the legal speed limit on an English motorway.

Bu şüphesiz peyniri yeme keyfi için yeni bir biçim:

10

Normandiya'da ailemle beraber sakin bir çiftlikte peynir yemenin çok ötesinde.
This is certainly a novel way to enjoy eating cheese: a far cry from eating it with my family on a quiet farm in Normandy.

Tepede peynirin peşinden koşmak için hazır dururken çok farklı aksanları duymak beni şaşırtmıştı.
As I stood on top of the hill, getting ready to chase the cheese, I was surprised to hear lots of different accents around me.

Çocukken yığınla İngiliz'in ortasında tek Fransız olmanın, etrafımdaki tüm tuhaf insanlarla beraber eğlenmenin hayalini kurardım.
As a child I had imagined being the only Frenchman among a sea of English people, an outsider joining in the fun of all the eccentrics around me.

Ancak Amerikan aksanını, İskoç aksanını, tüm dünyadan aksanları duyabiliyordum.
But I could hear American accents, Scottish accents, accents from all over the world.

Müthiş bir ortam vardı: Bu tuhaf festivale katılmak için çok sayıda insan uzun mesafeler kat etmişti.
There was a great atmosphere: a lot of people have travelled a long way to take part in this strange festival.

Tepede durduğumda, tepeden aşağı yuvarlanmalara hazırlık olarak bir ambulansın gelmiş olduğunu görebiliyordum.
As I stood at the top, I could see that an ambulance had arrived in preparation for the chase down the hill

that was about to happen.

Kendi kendime "durum ciddileşiyor" dedim.
This is getting serious, I thought!

Öğleden sonranın ilk yarışı olduğu için tepeden aşağıya koşanları görme şansım olmamıştı.
As this was the first race of the afternoon, I hadn't had the chance to see anyone else running down the hill.

Ne umacağımı bilemiyordum.
I didn't know what to expect.

Kalbim küt küt atıyordu.
My heart was thumping.

Peyniri düşünmeyi bırakmıştım ve kendime ne gibi bir zarar vereceğim konusunda endişe duymaya başlamıştım!
I'd stopped thinking about the cheese and started worrying about what kind of damage I was about to do to myself!

Yarış başlamadan hemen önce yanımdakilerden birisi bana evvelki yıl 20'nin üzerinde insanın hastaneye kaldırıldığını söyledi.
Just as the race was about to start, one of the people next to me told me that over 20 people were taken to hospital the year before.

Hastaneye gidip gelen ambulans o kadar yoğundu ki yarış ertelenmişti.
The ambulance was so busy taking people backwards and forward from the hospital that the race even had to be delayed....

Bunu henüz söylemişti ki peynirin peşinden gitme sırasının bizde olduğunu simgeleyen düdük çaldı.
Just as he said this, the whistle went to signal that it was our turn to chase the cheese.

İngiliz bayrağı desenli bir adam dev bir halka peyniri yuvarladı. Peynir bayır aşağı müthiş bir hızla yuvarlanıyordu.
A man dressed in a Union Jack suit rolled a huge circle of cheese down the hill and it was flying down the hill at great speed.

Arkada durduğum sırada erkeklerin ve kadınların bir arada peynirin peşinden koştuklarını gördüm.Çoğu renkli kıyafetler içerisindeydi. Bazılarıysa koruyucu kıyafet giymişti.
As I stood at the back, I saw both men and women running after it: many were in fancy dress, some had protective clothing on.

Superman kostümlü bir adam yanımdan uçup gitti!
A man dressed as Superman flew past me!

Her şey gerçeküstüydü.
It was all very surreal.

Yavaş gitmeye ve kendimi yaralamamaya karar verdim, ancak çoğu kişi taklalar atıyor ve gerçekten çok hızlı koşuyorlardı.
I decided to go slow to make sure I didn't hurt myself but many others were doing somersaults and running really fast.

Yokuşun dibine varmıştım.
Before I knew it, I was at the bottom of the hill.

Çok şükür ki yaralanmamıştım.
Thankfully, I was not injured.

Etrafıma bakınıp peyniri aradım, fakat hiçbir yerde yoktu. Yarışı kazanan Micky Mouse kostümlü biri peynirle beraber kaçmış ve peyniri biz geri kalanlardan saklamıştı!
I looked around for the cheese, but it was nowhere to be seen: the person who had won dressed as Micky Mouse had ran off with it and hidden it from the rest of us!

Muhtemelen tüm bunların neden yapıldığını ve peynirin tadına bile bakılmadığını merak ediyorsunuzdur.
So you're probably wondering what the point of going all that way was and not even getting to taste the cheese.

İstediğimi gerçekleştiremediğim için hayal kırıklığına uğramıştım, ancak İngiliz kültürünün tuhaf yönlerinden birisine mükemmel bir giriş yapmıştım.
I was disappointed not to get what I wanted, but it was an excellent introduction to some of the stranger aspects of English culture.

Dedemin beni kucağına alıp İngilizlerin peynirle ilgili tuhaflıklarını ben de artık torunlarıma anlatabilecektim.
And just as my granddad used to sit me on his knee and tell me about some of the strange things that Englishman will do for cheese, I'll be able to do the same for my grandchildren.

14

Almanya'da Erasmus
My Erasmus in Germany

Seyahat etmeyi sever misiniz?
Do you like travelling?

Okumayı sever misiniz?
Do you like studying?

İspanya'da, genel konuşursam tüm Avrupa'da, ikisini bir arada yapmanın bir yolu var: Erasmus bursu.
In Spain - generally speaking, in all of Europe - you can combine the two things: with an Erasmus scholarship.

Ne olduğunu biliyor musunuz?
Do you know what it is?

Erasmus bursları Avrupa'da, Avrupa Birliği tarafından, her ülkeden öğrencilere verilir.
Erasmus scholarships are awarded by Europe, the European Union, to students from all countries.

Bu burslar, başka bir Avrupa üniversitesine gitmeni sağlar ve başka bir ülkede okumana destek olmak için "taşınma yardımı" adında küçük bir miktar aylık para yardımı yapar.
These scholarships give you a university place in another European university and a small monthly grant so that you can study in another country, a

15

"mobility aid".

Ayrıca her ülke, imkanları doğrultusunda öğrencilerine bir miktar yardımda bulunur.
Moreover, each country can pay more or less aids to its students, it depends on each state's possibilities.

Gidilen ülkeler de genellikle öğrencilere yardımcı olurlar.
And the target countries often help the students, too.

Bu yardımlara rağmen, Erasmus bursları genellikle okurken yaşamak için yeterli değildirler.
Despite these aids, Erasmus grants are often not sufficient to live while you study.

Barselona, Paris veya Berlin gibi büyük bir Avrupa şehrinde yaşamak oldukça zordur.
It's very expensive to live in a big European city like Barcelona, Paris or Berlin.

Öğrenciler, bu deneyimi yaşayabilmek için genellikle ailelerinden finansal yardım alırlar.
Students usually get financial support from their parents in order to be able to live this experience.

Benim gibi bazıları ise Erasmus sırasında çalışırlar.
Some, like me, work during the Erasmus stay.

Bir Erasmus bursu almak çok zordur.
Getting an Erasmus scholarship is very hard.

Erasmus programına katılmak isteyen birçok öğrenci vardır, ancak az sayıda yer bulunur.

16

There are lots of students who would like to take part in the Erasmus programme, and only a few places.

Birçok evrak işi ve dil sınavını içeren uzun ve sıkıcı bir başvuru sürecini yerine getirmeniz gerekir.
You have to carry out a lengthy, ponderous application process, with language tests and lots of paperwork.

Ancak, benim yaptığım gibi başarabilirseniz, unutulmaz bir deneyim sizi bekliyor olacaktır.
But if you make it, just like me, it will be an unforgettable experience.

Adım Ramon ve yirmi altı yaşındayım.
My name is Ramon and I'm twenty-six years old.

Yakında tıp eğitimimi tamamlayacağım.
I'm finishing my medicine studies soon.

Kısa zaman sonra iyi bir doktor olabilmeyi umuyorum.
I hope I will be a good doctor soon.

Bu benim tutkum.
It's my passion.

Hastalara yardım etmeyi ve onları iyileştirmeyi istiyorum.
I would like to help patients and to heal them.

Bir doktorun görevi çok önemlidir.
A doctor's task is very important.

Hastaneler ve ameliyathanelerin bizim sayemizde vardırlar.

Hospitals and doctor's surgeries exist thanks to us.

Hastanelerde çalışmak, hem doktorlar hem hastabakıcılar için zordur.
Working in hospitals is quite hard, both for doctors and nurses.

Geçen sene Erasmus bursunu almaya hak kazandım.
Last year I had the chance to take part in an Erasmus scholarship.

Başta Fransa'ya gitmek istiyordum.
At first I wanted to go to France.

Neden mi?
Why?

Çünkü ailemle Barselona'ya yakın bir yerde yaşıyorum, Fransa da buraya çok uzak değil.
Well, I live with my family in a place near Barcelona, France is not far away.

Bunun yanında, dil de benim konuştuğum İspanyolcaya hatta Katalancaya oldukça benziyor.
Besides this, the language is similar to Spanish and even more similar to Catalan, which I also speak.

Bursa başvurup dil testlerine (İngilizce, Fransızca...) girdikten sonra birkaç ay beklemem gerekti.
After applying for the scholarship and doing the language tests (English, French...) I had to wait for some months.

Zaman geçmek bilmedi!
It was such a long wait!

Fransızca kitaplar almaya başladım, Fransızca müzik ve Fransız radyosu dinledim.
I started to buy books in French, I listened to French music and also to the French radio.

Sonuçların açıklanacağı gün sonunda geldi.
The results' day finally came.

Üniversitenin giriş salonuna asılmışlardı.
They were put up in the university's foyer.

Fransa'da okumak için Erasmus bursu kazanan öğrencilerin arasında kendi adımı aradım, ancak bulamadım.
I looked for my name among the students who had received an Erasmus place for France, and I wasn't there.

Benim için büyük bir yıkımdı!
That was a serious blow for me!

Burs kazananlar arasında olmadığım gibi, yedekler arasında bile yoktum...
I was neither among those who had received a scholarship, nor among the substitutes...

Garip...
Weird...

Listeye bir kez daha baktın ve onu gördüm: Almanya için bir burs kazanmıştım.
I looked at the lists once more and then I saw it: I had received a scholarship for Germany.

Almanya?!
Germany?!

Orada ne yapabilirdim? Hemen bunu düşünmeye
başladım.
What should I do there?, I thought immediately.

Yönetim bürosuna gidip müdüre sorduğumda hiç
şüphem kalmamıştı: Almanya için kimse başvuruda
bulunmamıştı ve puanlara göre bana verebilecekleri
tek yer orasıydı.
*I went to the administrative office to speak to the
manager and there was no doubt: nobody had
applied for Germany and, on the basis of points, it
was the only one they could give me.*

Eğer reddedersem, muhtemelen hiçbir Erasmus
bursundan ve birlikte gelen imkanlardan
yararlanamayacaktım.
*If I didn't accept, I would probably get no Erasmus
scholarship, with all the opportunities which were
related to it.*

Eve döndüğümde ebeveynlerim ve kız kardeşim beni,
gitmem için cesaretlendirdiler.
*Once at home, my parents and sister encouraged me
to go on.*

Almanya, ekonomik olarak güçlü bir ülkeydi ve
muhtemelen zor bir dile sahipti, ancak kesinlikle
orada çok fazla şey öğrenebilirdim.
*Germany was an economically strong country,
perhaps with a difficult language, but I would surely
have the chance to learn a lot there.*

O yazın ardından Almanya'daki akademik yılıma başlamak için Berlin'e uçtum.
So after that summer I flew to Berlin to start my academic year in Germany.

Arkadaşlarımın İngilizce derslere ve kurslara girmesi aslında bana çok yardımcı oldu.
The fact that my colleagues attended lessons and courses in English helped me a lot.

İlk günler benim için gerçekten zordu.
The first weeks were really tough for me.

Ne sokaktaki insanları ne de arkadaşlarımı anlıyordum ve günler gitgide kısalıyordu.
I didn't understand neither the people on the street nor my colleagues and the days got shorter and shorter.

Ancak kısa zaman sonra, hayatımı değiştiren bir an geldi: Oktoberfest veya İspanya'da kullandığımız adıyla Alman bira festivali.
But soon came a moment which changed my life: the Oktoberfest, or the German beer festival, as we call it in Spain.

Genellikle Almanya'nın güneyindeki Münih'te yapılan ve Almanya'nın ana ürünlerinden biri olan bira ile ilgili, büyük bir festivaldi.
It's a big festival which usually takes place in Munich, in the south of Germany and pays homage to one of Germany's main products: beer.

Sınıfımdan çok hoş bir kız, festival atmosferini yaşamak için onunla ve arkadaşlarıyla Münih'e

21

gitmem için beni davet etti ve ben de bu teklifi kabul etmeye karar verdim.

A very likeable girl from my course invited me to travel to Munich with her and her friends and to experience the festival's atmosphere there, and I decided to accept her invitation.

Hayatımdaki en iyi haftalardan biriydi!

It was one of the best weeks in my life!

Dünyanın her yerinden birçok insanla tanıştım ve bol miktarda sosis, *sauerkraut, pretzel* ve daha birçok Alman yiyeceği yedim...

I met lots of people from all over the world, ate lots of sausages, sauerkraut, pretzels, and other German specialities...

Tabii ki hayatımda içtiğim en seçkin biralardan bazılarının tadına baktım.

And of course I tasted some of the most exquisite beers I drank in my life.

Hafta sonunda günlük yaşamımla baş edebilmek için kullanabileceğim Almanca birçok şey öğrendim: bir şeyler sipariş etmek, yeni kişilere kendini tanıtmak ve bilmediğin bir şehre taşınmak...

During that weekend I learnt many things in German which helped me cope with everyday life: how to order something, how to introduce yourself to new acquaintances, how to move in a city you don't know...

O zamandan sonra Greta benim en yakın arkadaşlarımdan biri oldu, onun ve arkadaş grubunun

sayesinde Alman alışkanlıklarını yakından izleyebildim.
Greta has become one of my best friends since then, and thanks to her and her group of friends I got to know German habits from close up.

Kısa zaman sonra korkunç olan şey başladı, soğuk Berlin kışı.
Soon came the terrible, cold Berlin winter.

Eğer Barselona'da yaşıyorsanız, sıfırın altında on derece gibi sıcaklıklar görmeniz tahmin edebileceğiniz gibi çok zordur.
If you live in Barcelona, it's very hard to experience temperatures of ten degrees below zero, as you can surely imagine.

Bundan başka, Berlin'in üniversitesinin iş ilanları panosu sayesinde, kanserden etkilenen çocukların bakımı konusunda uzmanlaşmış, şehirdeki küçük bir hastanede uygulama eğitimine başladım.
Moreover, thanks to Berlin's university's job board I could start a practical training in a small hospital in the city, which was specialised in the care of children affected by cancer.

Başlarda benim için çok zordu, ancak o çocuklarla asla unutmayacağım birçok şey öğrendim.
It was very hard for me, but I have learnt so much with those kids, I'll never forget it.

Derslerime ve işime gitmek için şehrin en yaygın kullanılan taşıma aracı olan bisikleti kullandım.
To reach my lessons and work I moved by bike, which is one of the city's most widely used means of

transport.

Bir hafta sonu bitpazarından ikinci el eski bir bisiklet satın aldım.
I bought an old second-hand bike in one of the weekend flea markets.

Berlin'e özgü olan şeylerden biri de hafta sonu bitpazarlarıydı.
It was one of Berlin's more typical things, the weekend flea market.

Hayatımı yavaş yavaş düzenledim ve Erasmus sürecimin son günlerine yaklaşırken bahar geldiğinde, her şeyin ne kadar hızlı geçtiğine inanamıyordum.
So I organised my life little by little, and when spring came, near the last days of my Erasmus stay, I couldn't believe how fast everything had passed.

Orada edindiğim arkadaşlıkları hala koruyorum ve yakın bir zaman içerisinde oraya geri gitmek istiyorum.
I keep my friendships from there and I would like to come back there soon.

Öğrendiğim her şeye rağmen, hala bazı Almanca sözcükleri doğru şekilde telaffuz edemiyorum!
Despite everything I have learnt, I still can't pronounce many German words correctly!

Dili unutmamak ve ilerletmek için haftada bir kez bir dil kursuna gidiyorum.
I attend a language school once a week not to forget the language and to practise it further.

Bunun yanında, Almanya'dan Barselona'ya gelen diğer Erasmus öğrencileri ile hafta sonlarında buluşarak dil değişimi yapıyoruz.

Besides that, at the weekend I meet other Erasmus students who have come to Barcelona from Germany and we have a language tandem.

Bu çok eğlenceli ve sürekli daha ilginç insanlarla tanışıyorum.

It's very funny and I meet more and more interesting people.

Eğer yapabilirseniz bir Erasmus deneyimi yaşamanızı öneririm.

So I recommend you to try an Erasmus stay, if you can.

Benim hayatımdaki en iyi deneyimlerden biriydi.

It's one of the best experiences of my life.

Birleşik Devletler... "tekerlekler üzerinde"
United States..."on wheels"

Benim adım Susana ve ben yirmi sekiz yaşındayım.
My name is Susana and I am twenty-eight years old.

Katalonya, Girona'daki bir şehirde yaşıyorum.
I live in a city in Catalonia, Girona.

Burası Barselona'nın kuzeyinde, arabayla bir saat uzaklıkta.
It is in the north of Barcelone, just an hour to drive by car.

Burası, Katalonya'nın en güzel, en sessiz ve en eski şehirlerinden biri.
It is one of the most beautiful, quietest and oldest cities of Catalonia.

Eğer ziyaret etme şansınız olursa merkezi görmeyi unutmayın; hala Orta Çağ'da yaşıyormuşuz gibi görünüyor!
If you have the chance to visit it, do not miss to visit the center: it seems like we are still living in the Middle Ages!

Seyahat etmeyi severim, ancak kendi işimi yaptığım için sıklıkla seyahat edemiyorum.
I love to travel, but as I run my own business, I cannot travel frequently.

Bu üzücü bir durum, ancak her zaman şirketimle ilgilenmem gerekiyor.
It's a pity, but I always have to pay attention to my firm.

Aslında o küçük bir aile işletmesi: Bir restoran.
Well, actually it is a small family business: a restaurant.

Restoran büyükanne ve büyükbabam tarafından altmış yıl önce açılmış, harika değil mi?
The restaurant was founded by my grandparents over sixty years ago, incredible, isn't it?

Geçen sene şansım yaver gitti ve yazdan sonra restoranı birkaç günlüğüne kapatabildim.
However, last year I was lucky and was able to close the restaurant some days after the summer.

Sonunda tatili hak etmiştim!
Finally I should have my deserved vacation!

Birçok ilginç ve harika yer var...
Now, with so many interesting and wonderful destinations...

Nereye gitmeli?
Where to go?

Hayallerimden birisi Amerika'nın "Vahşi Batı"sını tanımaktı.
One of my dreams was to get to know the "Wild West" of America.

Ben küçük bir kızken, büyükannem ve büyükbabam bana restoranda bakarlardı ve öğle yemeğinden sonra TV'de western filmler açarlardı.
When I was a little girl, my grandparents took care of me in the restaurant and used to put Western films on the TV after lunch.

Hepsini izlerdim ve ev ödevimi yaparken ya da bir şeyler atıştırırken çok eğlenirdim.
I watched them all and had a lot of fun while doing my homework or having a snack...

Birleşik Devletler'in batısına gitmeye karar vermenin nedeni de buydu.
That's why I decided to go to the West of the United States.

Birçok arkadaşım oraya gitmişti ve onların anlattıkları hikayeleri kıskanıyordum, ancak önerileri de benim için çok yararlı olmuştu.
I had a lot of friends who had already been there and I was jealous of all their stories, but their advice were very useful to me.

En iyi arkadaşım Marta da benimle gelebildi.
My best friend Marta could also come with me.

O bir öğretmen ve o yıl aynı anda tatilimiz olması bir mucizeydi!
She is a teacher and it was a miracle that we had vacation at the same time that year!

İnternet sayesinde, bugün Birleşik Devletler'in batısına bir seyahat hazırlamak gerçekten kolay.
Thanks to the internet, today it is really easy to

prepare a trip to the west of the United States.

Eğer İspanyolca konuşuyorsanız, seyahate hazırlanmak için çok yararlı bazı internet siteleri var, aralarından benim favorim losviajeros.
If you talk Spanish, there are a few websites which are very useful to prepare trips, my favourite one is losviajeros.

Onu neden bu kadar çok seviyorum?
Why I like it so much?

Çünkü o, bu bölgelere seyahat eden gerçek gezginlerin deneyimlerini paylaştığı, yorumlar yaptığı, görüşlerini, ipuçlarını ve önerilerini sundukları bir forum...
Because it´s a forum where real travellers who have visited those destinations share their experience, make comments, give their opinion, tricks and advice...

Çok kullanışlı.
That's very useful.

Tüm hafta boyunca seyahate hazırlanıyordum ve rezervasyonları yapıyordum: oteller, moteller ve tabii ki uçuşlar.
I was preparing the trip and booking everything during a whole week: hotels, motels and the flights, of course.

Ne ben ne de arkadaşım Marta araba sürmeyi sevmiyoruz, bu yüzden trenler otobüsler ve bir yerden diğerine giden farklı taşıma araçları için biletler almaya çalıştım...

29

I don't like driving and neither does my friend Marta, so I tried to book tickets for trains, busses and other means of transport to travel from one site to another...

Bu gerçekten zordu!
Now that was really difficult!

Sonra bir forumda okudum ki...
Then I read in a forum that...

Birleşik Devletler'de seyahat etmenin en iyi yolu araba kullanmaktı!
The best manner to move across the United States is driving!

O anda seyahat planlarımız suya düşmüş gibi göründü.
In that moment our trip seemed to fail.

Marta da ben de çok kötü sürücülerdik.
Marta and I were terrible drivers.

Ne yapabilirdik ki?
What were we able to do?

Marta bunun sorun olmayacağını söyledi.
Marta said that it wasn't a problem at all.

Hatta birlikte araba sürerken çok eğleneceğimizden emindi.
She was sure that together we could even have fun when driving a car.

Ancak yine de, seyahatimize başlamadan birkaç gün önce biraz alıştırma yaptık. İşlerin ters gitmesini

istemiyorduk!
But, just in case, we practiced some days before our voyage. We didn't want anything going wrong!

Birleşik Devletler'e ulaştığımızda ilk olarak kiralık aracımızı aldık.
When we arrived in the United States, we first picked up our rental.

Sadece ikimiz için bir arabamız vardı!
We have a car just for us!

Mutluyduk, heyecanlıydık ve beklentilerle doluyduk!
We were happy, excited and full of expectations!

On üç saatlik uçuş sadece iki saat sürmüş gibiydi.
It seemed that the flight of thirteen hours had passed in only two.

Önümüzde binlerce kilometre vardı ve ne kadar erken başlarsak o kadar iyi olacağını düşünüyorduk!
We had thousands of kilometres in front of us and wanted to start the earlier, the better!

Araç kiralama ofisine ulaştığımızda neredeyse bayılacaktık.
When we arrived to the office of the car rental, we almost fainted.

Çok uzun bir sıra vardı ve arabamızı almamızın en azından bir saat süreceğini söylemişlerdi!
There was such a big queue of people and we were told that it would take at least an hour to get our car!

Bu çok sıkıcıydı.
That was very boring.

Neden bu kadar çok insan araba kiralıyordu?
Why were there so many people renting a car?

İspanya'da bir yolculuk yaparken araba kiralamak çok yaygın değildir.
In Spain it is not very common to hire a car on a trip.

Bunu genellikle, örneğin bir adaya seyahat ederken yaparız.
We usually do it when we travel to an island, for instance.

Ancak bunun dışındaki yerlerde, istediğiniz her yere giden otobüsler ve trenler vardır.
But at the rest of places, there are a lot of trains and busses taking you wherever you want to go.

Kısa zaman sonra neden bu kadar çok insanın araba kiraladığını öğrendik, Birleşik Devletler devasaydı!
We discovered soon why so many people wanted a car, the United States are enormous!

Bizim için şaşırtıcı biçimde, İspanya'daki kadar çeşitli ve sık toplu taşıma yoktu.
And to our surprise, there is no public transport system with such a frequency and variety as in Spain.

Bu yüzden ülke içinde seyahat ederken bir arabaya ihtiyacınız vardı ya da en azından bir tanesine sahip olmak çok daha iyiydi: Gideceğiniz yere daha konforlu bir şekilde ve daha hızlı ulaşabilirdiniz.
That's why you need a car to move across the country, or at least it is much better to have one: you

can travel faster and in a more comfortable way wherever you want to go.

Sonunda bankoya ulaştık.
Finally we arrived at the counter.

Arkadaşım Marta çok iyi İngilizce konuşuyordu ve bankoda bize hizmet sunan kıza bizi mükemmel bir şekilde anlattı.
My friend Marta talks English very well and we understood ourselves perfectly with the girl who was serving us at the counter.

Birkaç dakika içerisinde arabamızın anahtarlarını aldık.
In a few minutes, we received the keys of our car.

Küçük bir araba almıştık, ikimiz için yeterliydi... Ne yalan ama!
We had booked a small car, that was enough for the two of us... but what a lie!

Devasa bir SUV almıştık!
We got an enormous red SUV!

Bunun bir hata olduğunu düşündük, ancak aslında hata yapan bizdik.
We thought it was a mistake, but actually we had been mistaken.

Bankodaki kız küçük arabalarının kalmadığını ve bize dev bir araba vereceğini söylemişti.
The girl at the counter had adverted that they had run out of small cars and that they had to give us that giant car.

33

Bilirsiniz... Dil problemleri.
You know... Language issues.

Kocaman arabamıza binmek için neredeyse "tırmanmamız" gerekti.
We almost had to "climb" to get into that huge car.

Bindiğimizde arabadaki şeyleri merak ediyorduk: GPS, radyo, uydu radyosu ve park ederken görmek için bir kamera!
Once inside, we stared in wonder at all the things the car had: GPS, radio, radio by satellite and a camera to see how to park!

İspanya'da böyle bir araba lüks sayılırdı, bizim arabalarımızda genellikle böyle "ekstraların" hiçbiri bulunmaz.
In Spain, a car like this would have been a real luxury, our cars usually don't have any of these "extras".

Marta arabayı çalıştırdı ve...
Marta started the car and...

Bir saniye!
Just a second!

Debriyaj nerede?
Where is the clutch?

Vites kutusu?
And the gear box?

Gidemiyoruz!
We cannot move!

Bu bizim ilk sürprizimizdi...
That was our first surprise...

Birleşik Devletler'de neredeyse tüm arabalar otomatikti!
In the United States, almost all cars are automatic!

İspanya'da durum bunun tam tersidir!
In Spain it's just the other way round!

Yine de itiraf etmeliyim... "Amerikan tarzı" bir arabayı sürmek çok daha konforluydu ve her şeyin çok kolay oluşunu özlüyorum.
Nevertheless, I have to admit ... That it is much more comfortable to drive a car with "American style" and I miss a lot that everything is so easy.

Kafa karışıklığı ile geçen birkaç dakika sonrasında yola çıktık.
After these few moments of confusion, we got on the road.

Los Angeles'a vardık ve ilk gideceğimiz yer plajdı, Santa Barbara'da uyumak istiyorduk.
We had landed in Los Angeles and our first destination was the beach, we wanted to sleep at Santa Barbara.

Sürprizler bitmedi: Yollar ne kadar da büyüktü!
The surprises didn't stop: how huge the roads were!

Birleşik Devletler'de dört ya da beşten fazla şeritli yollar yaygınken, İspanya'da yollar genellikle iki ya da üç şeritliydi.

More than four or five lanes is usual for highways in the United States, meanwhile we just have a pair of lanes in Spain, or maybe three.

Bu eğlenceli anlardan sonra birkaç kez kaybolduk ve sonunda Santa Barbara'ya vardık.
After these first funny moments, we got lost a few times and finally reached Santa Barbara.

Orada birkaç harika gün geçirdik, ancak Las Vegas'ta da birkaç gece geçirmek istediğimiz için kısa süre sonra ayrılmamız gerekti.
We spent a few wonderful days there, but had to break up soon as we wanted to spend some nights in Las Vegas.

Ayrıldığımızda, bilmeden daha az trafiği olan bir yola girdik.
When we left, we drove without knowing well into a road with less traffic.

Bazı tabelalarda dolarları gösteren işaretler vardı...
On some signs there was something indicating dollars...

Ücretli bir yol olabilir miydi?
Maybe it was a toll road?

Hiçbir fikrimiz yoktu.
We didn't have a clue.

Bir süre sonra çok daha fazla trafiği olan bir yere ulaştık.
After some time, we arrived at a place with much more traffic.

Birkaç ay sonra eve bir ceza geldi: Ödeme istasyonunu fark etmeden geçmiştik!
Some months afterwards, a ticket arrived at home: we had passed the toll station without knowing!

İspanya'da tüm ödeme istasyonlarında bariyerler bulunur, Ancak orada hiçbir bariyer yoktu ve ödeme yapmamız gerektiğinin farkında değildik.
That's because in Spain, all toll stations have barriers, but there, there weren't any barriers and we were not aware of that we had to pay.

Bunlar Birleşik Devletler'de, tekerlekler üzerinde seyahat etmeyi sevdiğimiz bir ülkede yaşadığımız "küçük maceraların" sadece birkaçı.
These have been only a few of our "little adventures" in the United States, a country we finally loved to cross on wheels.

Bu size söyleyeceğim son şey ve kesinlikle sesli bir şekilde güleceksiniz.
This is the last one I have to tell you, you will laugh out loud for sure.

İlk sefer benzin almaya çalıştığımızda neredeyse alamıyorduk.
The first time we tried to get petrol, we almost couldn't.

Benin pompası çok karmaşıktı, onu anlamadık.
The gas pump was so complicated, we didn't understand it.

Sonunda çok iyi, yaşlı bir kadın (neredeyse seksen

yaşında!) biz gençlere tüm bu teknolojiyi "anlatmak" için yanımıza geldi.

Finally a very nice old lady (almost eighty years old!) came to help us youngsters to "understand" all of that technology.

Tüm bunlara rağmen, Birleşik Devletler'e tekrar seyahat edeceğiz ve bu güzel ülkeyi tekerlekler üzerinde keşfetmeye devam etmek için tatilimizi sabırsızlıkla bekliyoruz.

In spite of all this, we will repeat our trip to the United States and we are looking forward to have vacation again to continue discovering this beautiful country on wheels.

Japonya'da İlişkiler
Relationships in Japan

Japonya kendine has bir ülke.
Japan is a universe of its own.

Geleneklerine göre izole edilmiş, yüzyıllar boyunca yalnızca en yakın kıta komşularıyla iletişim içinde olmuş bir ada. İşin aslı, Japonya kendini dünyaya 18.
An island traditionally isolated which, for centuries, had contact only with its nearest continental neighbours.

Yüzyılda açtı ve bu halkını, geleneklerini ve kültürlerini de etkiledi.
In reality, Japan opened itself to the world in the 18th Century and this has influenced its people, customs and culture.

Japonya'yı iş için veya çalışma amaçlı ziyaret ettiğimde beni en çok etkileyen şeylerden biri ülkenin insanları ve bireysel ilişkileri olmuştur.
When I used to visit Japan for business or with work, one of the things that would leave an impression on me was the country's human and personal relationships.

Japon gelenekleri ile batılı ülkelerin gelenekleri arasındaki farkları ciddi anlamda fark etmeye başlayışım iş için orada yaşadığım üç yıl içinde

gerçekleşti.
It was when I had to spend three years of my life there due to work when I really started discovering all the differences that exist between their and the occidental customs.

Her şeyden önce, batılı geleneklere hiç benzemeyen bir iş dünyası adabı ve protokolleri var.
First of all, you had the whole etiquette and protocol associated with the business world, which doesn't resemble the occidental one at all!

Örneğin birine kartvizit verirken veya birinden kartvizitini alırken iki elinizi de kullanmanız gerekiyor.
For example, giving or receiving a business card from somebody needs to be done using both hands.

Japon halkı yorucu iş günleri boyunca, uzun saatlerle ve çok yoğun bir şekilde ciddi anlamda çok çalışıyor.
Japanese people work really hard during exhausting working days that are many hours long and very intense.

Bazısı evlerine giden son treni kaçırıp, büyük şehirlerde rastlayabileceğiniz kapsül otellerde geceyi geçirmek zorunda kalabiliyor.
Some even miss the last train home and end up sleeping in one of the capsule hotels, which you can find in the big cities!

Bu otellerde bir oda için değil fakat, başkalarınınkinin hemen dibinde bulunan fakat size özel bir yatak için ödeme yapıyorsunuz.
In these hotels you don't pay for a room, but for a capsule, a bed very near others but private.

Bu fikri hiçbir şekilde sevemedim.
I didn't like the idea whatsoever.

İkincisi, yemek yeme ve pişirmeye adanmış dev bir kültürleri var.
Secondly, there was the whole culture with regards to food and cooking.

Japon halkına göre yemek tam anlamıyla bir ritüel.
For Japanese people, food is a true and complete ritual.

Japonya'ya giderseniz, bir çay seromonisi veya bir Japon üst düzey yemeği olan kaiseki yemeğinden zevk alabiliyorsanız, bu durumu takdir edeceksinizdir.
You will appreciate this if, when you go to Japan, you are able to enjoy a tea ceremony or a kaiseki meal, which is the Japanese haute cuisine.

Japonya'da asla çubuklarınızı pilavın içine saplamamanız gerekir; çünkü bu bir cenaze ayinidir.
In Japan, one should never stick the chopsticks in the rice, as this is a funerary rite.

Ayrıca çok kibar olmanız gerekir; örneğin biriyle yemek yiyorsanız, önce karşınızdakinin bardağını doldurmalısınız ve onun da sizinkini doldurması için beklemelisiniz!
You should also be very polite; for example, when eating with someone, always fill the other person's glass first, and wait for that person.... to fill yours!

Son olarak, aile ve bireysel ilişkilerden, kızlarla

randevuya varan konular var.
Lastly, there were all the family and personal relationships, dating girls, etc.

Genelde bunlar hemen her kültürde en karmaşık olan ilişkilerdir, değil mi?
Usually, these are the most complicated types of relationships in all cultures, right?

Japonya'da çok daha karmaşık!
Well, in Japan, even more so!

Japonlar uç seviyelerde kibar, davetkar ve hoş görülü.
Japanese people are very kind, inviting and welcoming; to extreme levels.

Bir keresinde kaybolmuştum ve bir adam ben en yakın otobüs durağına varıncaya kadar, adamın gittiği yönün tam tersi yönde 2 km kadar benimle birlikte yürüdü.
I once got lost and a man walked with me for around two kilometres until reaching the closest bus stop, located in the opposite direction to where he was going!

Bununla birlikte sosyal grupları oldukça özel ve kapalı, onlarla arkadaş olmak hiç de kolay değil.
However, their social groups are quite private and closed, and it's not easy becoming friends with them.

Japon kızlarıyla çıkmaktan bahsetmiyorum bile...
Not to mention going out with a Japanese girl...

Japon kadınları çekingen ve genelde yabancılarla

konuşmuyorlar.
Japanese women are timid and, generally, they don't speak to strangers.

Oldukça gösterişliler, kendilerine bakmayı seviyorlar ve bunu çılgınlığın sınırlarına varacak kadar ileri götürüyorlar.
They are very vain: they love looking after themselves, and they do so to extremes that borders on madness.

Örneğin birçoğu kendilerini tepeden tırnağa güneşten koruyor ve ciltlerinin geleneksel beyaz tonunu korumaya çalışıyor.
For example, a lot of them are covered from head to toe to protect themselves from the sun and preserve their traditional and natural white skin tone.

Japon toplumunda kadının yeri yabancı misafirlere göre oldukça garip.
The woman's role in Japanese society is extremely odd to a foreign visitor.

Japon kadınları modern, daha önce de söylediğim gibi, kendilerine bakıyorlar, üniversiteye gidiyorlar, kız ve erkek arkadaşlarıyla dışarı çıkıyorlar.
Japanese women are modern, as I was saying: they look after themselves, they have gone to university and they go out with their girl-friends and boy-friends.

Fakat onlardan "yalnızca belirli bir süre için" modern kadınlar olmaları bekleniyor.
However, it is expected of them to be modern women just for "a certain period of time".

43

Bir başka deyişle: Evlenene kadar.
Which means: until they get married.

Japonlar, bir kadının evlendikten sonraki rolünün evine ve ailesine, yani kocasına ve çocuklarına, bakmak olması gerektiğini düşünüyorlar.
Once they get married, Japanese people believe the woman's role should be looking after the house and family, referring to her children and husband.

Japonya'da aile kutsaldır ve saygı duyulur, dolayısıyla kadınlar, yaşlılara da, hem kendi ailesindeki hem de kocasının ailesindeki büyük anne ve babalara da bakmak durumundadır.
In Japan, family is also revered and respected, and therefore women also look after the elderly: the grandparents, from both her and her husband's sides.

Japonya'da yaşlanmadaki progresif artış nedeniyle ülkedeki yaşlı nüfusu artmış durumda. Yaşlılara saygı gösteriliyor fakat bunlar ailelerine bakmak zorunda olan genç kadınlar için problem de oluşturuyor.
Due to the progressive ageing of its population, the number of elderly people has increased; they are respected, but they pose a problem to these young women that look after their families.

Japon erkeklerinin omuzlarında büyük sorumluluklar var; ailelerine bakmak, ihtiyaçları olan her şeye sahip olduklarından emin olmak ve hepsinin ötesinde, bir çalışan olarak şirketleri içinde saygınlık ve daha fazla para kazanabilmek için şirket içi basamaklarda yükselmeye çalışmak gibi!
Japanese men have a great responsibility on their

44

shoulders: looking after their families, making sure they have everything they need and, above all, trying to climb the corporate ladder within their companies, in order to earn more money and honour as workers.

Bununla birlikte, birçok kadın yavaş yavaş bu rolleri değiştirmeye çalışıyor.
However, a lot of women are trying, little by little, to change these roles.

Profesyonel hayatlarını uzatmaya çalışıyorlar.
They try to lengthen their professional lives.

Bu çok normal çünkü şiketlerde çok enteresan konumlarda bulunuyor olmaları aralarında sık rastlanan bir durum.
It is normal because the common thing is for them to hold very interesting positions in their companies.

Ayrıca erkek iş arkadaşları kadar disiplinliler ve çok çalışıyorlar.
They are also as disciplined and hard-working as their male colleagues.

Buna karşın bu durum maaşlarına yansımıyor; çünkü bir erkeğin kazandığının %66'sını kazanmak durumundalar.
Nonetheless, this is not reflected in their salaries, because they on average earn 66% of what a man would earn.

Bence bu hiç adil değil.
I think this is very unfair.

Ne kadar da ciddi ve zor görünüyor!
How serious and difficult it all seems!

Değil mi?
Right?

Yine de birkaç Japon kızla dışarı çıkmayı başardım.
Still, I managed to go out with a few Japanese girls.

Japonya'da tipik bir randevu, bir kızla çıktığınız zaman, etrafta seçebileceğiniz birçok seçenek arasından birinde hızlı bir şeyler yemektir.
Typical dates in Japan, when going out with a girl include a quick bite out, picking from the many available choices around.

Hesabı sizin ödemeniz gerektiğini söylememe gerek bile yok.
Needless to say: you always have to get the bill.

Burada erkeğin rolü kadına ihtiyacı olan her şeyi verebileceğini kanıtlamaktır.
Again, the role of the male is to prove that he can give the woman everything she needs.

Japonya'da randevu için gidilebilecek çok fazla seçenek var.
There are many options for a date in Japan.

Burası eğlence ve boş vakit geçirmeye adanmış bir ülke.
It is a country full of places dedicated to leisure and fun.

Japonların büyük çoğunluğu gibi siz de bir şehirde

46

yaşıyorsanız bu tarz yerlerden fazlasıyla bulabilirsiniz.
If you live in a city, like most Japanese people do, you will find even more of these places.

Japon şehirleri gerçekten devasa.
Japanese cities are really huge.

Örneğin yalnızca Tokyo'nun nüfusu, neredeyse İspanya'nın tüm nüfusuna eşit. İnanılmaz, değil mi?
For example, in Tokyo alone, the population is nearly the same as in the whole of Spain. Incredible, right?

Japonya'da bir kızı eğlenmek amacıyla dışarı çıkartmak için yapılabilecek en iyi şey ilk birkaç buluşmada işleri ağırdan almak ve her şeyin üstünde, birçok kişiyle birlikte eğlenceli yerlere gitmek gerekir.
To bring a girl out to have some fun in Japan, the best thing is to take it slowly during the first few dates and, above all, to go to fun places with a lot of people.

Aksi halde kızlar biraz baskı altında kalmış hissedebilir veya biraz çekingen davranabilir.
Otherwise, girls could feel a bit overwhelmed, or turn very timid.

Normalde bir kızla yalnız başınıza buluşmaya çıkmadan veya onu daha özel ve daha küçük bir restorana götürmeden önce birkaç kez dışarı çıkmanız gerekir.
Normally, it would take a few dates before being alone with her, or before taking her to a more intimate and smaller restaurant.

Benim en sevdiğim yerler karaoke barları ve atari

47

salonları.
My favourite places were the karaoke bars and amusement arcades.

Sonuçta buralar her zaman yeni arkadaşlar edindiğiniz, genç insanlarla dolu, eğlenceli yerler.
They are fun places full of young people where, ultimately, you always end up making new friends.

Ayrıca Japon kızları bir İspanyol erkeğinin çılgın Japonca şarkıları söylemeye çalışmasını inanılmaz derecede eğlenceli bulabiliyor.
Japanese girls also find it incredibly amusing seeing a Spanish man trying to sing crazy Japanese songs.

Atari salonları da harika.
The amusement arcades are great.

Oralara bir kızla gidip onun için birçok farklı hediye ve doldurulmuş oyuncak kazanabilmek için aylarca pratik yapmam gerekti.
I practised for months to be able to go there with girls and win a lot of different gifts and stuffed toys for them!

Buna bayıldılar ve böylece birçok gülümseme kazandım.
They loved that and that way I won a lot of smiles.

Hiçbir zaman bir Japon kızla çok uzun süre çıkmadım.
I never went out with a Japanese girl for too long.

Sonuçta kızlar kendilerine bir koca arıyorlar ve ben de belirli bir süre için orada bulunuyordum.

Ultimately, they looked for a husband and I was only in Japan for a period of time.

Japon arkadaşlarım bana, kızların aileleriyle tanıştıktan sonra işlerin bir miktar ciddiye bindiğini söyledi.
My Japanese friends told me that things get quite serious once you meet their family.

Japon kız arkadaşınızın ailesiyle tanışmak başlı başına bir tören.
Meeting your girlfriend's parents in Japan is quite a rite in itself.

Son derece saygılı olmanız gerekiyor, aileye küçük bir hediye götürmeniz ve çok özel bir dil formunda konuşmanız gerekiyor v.s.
You have to be very respectful, bring a little gift for the family, use a special respectful form of language, etc.

Elbette bunlar işler ciddiye bindiğinde ve siz o kızla evlenmek istediğinizden kesin eminseniz normal olarak gerçekleşiyor.
Of course, this is done normally when things are very serious and you are pretty much sure you want to marry that girl.

Gördüğünüz gibi Japonya'da ilişkiler karmaşık, protokoller ve ritüellerle dolu.
As you can see, relationships in Japan are complicated and filled with protocols and rituals.

Orada geçirdiğim zamandan büyük keyif aldım fakat aynı zamanda kendi köklerime ve her şeyi anladığım, her zaman ve her an nasıl davranmam gerektiğini

49

bildiğim kendi geleneklerime döndüğüm için de oldukça rahatladığımı hissettim.

I enjoyed my time there very much, though I also felt very relieved when I came back to my roots and customs, where I understood everything and knew how I had to behave each given time and moment.

TURKISH

Peynir Yuvarlama Festivali

Adım Robert. Sizlere İngiltere'de bir tarlada çılgınca bayır aşağı peynir yuvarlayanların ortasına nasıl düştüğüme dair bir hikaye anlatacağım.

Normandiya bölgesinde küçük bir Fransız kasabasında büyüdüm. Hatırladığım kadarıyla yemek yemek aile yaşamımızın önemli bir parçasıydı. Yemek, tüm ailenin bir araya gelmesine vesile olan bir olayı temsil ederdi. Yemeğin her zaman en sevdiğim kısmı peynirin sofraya geldiği andı. Fransa'da büyümüş biri olarak seçim konusunda şımartılmıştım – ülke çapında üretilen yaklaşık 400 farklı peynir çeşidi bulunuyor ve sanırım bunların hepsini denemiş olmalıyım. Ne tür peynir olduğu farketmez – keçi peyniri, koyun peyniri, küflü peynir, inek peyniri – mümkün her peynir çeşidini yiyebiliyordum. Ailede peyniri ne kadar sevdiğim herkes tarafından bilinirdi: Çocuk olarak biraz kilolu olduğumu duymak sizi şaşırtmayacaktır!

Normandiya'da yaşadığım dönemde, Birleşik Krallık'a bağlı Kanal Adaları'ndan birisi olan Jersey'e bakarak büyüdüm. Dedem beni kucağına alır, İngiltere hakkında hikayeler anlatır ve gemiyle adalara gittiği zamanlardan bahsederdi. Küçük yaşta ve meraklı olduğum için oraya gitmek isterdim. Oraya gidersem de peynir yemeyi isterdim. Ve bir gün St. Malo adlı bir kasabadan bir gemiye atlamaya karar verdik ve kısa bir yolculuktan sonra adaya vardık. Yurtdışına ilk çıkışımdı ve her şeyin ne kadar ilginç geldiğini hatırlıyorum: Konuşulan dil kulağa tuhaf geliyordu, mimari gördüklerimden çok farklıydı ve yemeklerin memleketimde yediklerimle alakası yoktu. Çok şükür dedemin İngilizcesi iyiydi. Yemekler hakkında adalı bir dükkan sahibiyle sohbete başladı. Dükkan sahibine benim peyniri çok sevdiğimden bahsetti ve böylece İngiltere'deki "Cooper Tepesi Peynir Yuvarlama" Festivali'ni duymuş oldum. İngiltere'de insanların peynir yemelerinin yanında insanların peyniri bir tepeden aşağıya yuvarlayacak ve birbirleriyle mücadele edecek derecede kaliteli olduğunu da öğrenmiş oldum. Lezzetli olduğu için insanların peşinden koşturduğu bir peynir? Görmek için sabırsızlanıyordum.

Oraya gitmem için biraz beklemem gerekiyordu: 9 yaşındaki biri İngiltere'ye tek başına seyahat edemezdi. Yüksek lisans programının bir parçası olarak Londra'da bulunduğum sırada gidebilecektim. Tepeden aşağıya peynir yuvarlama hikayesi hiçbir zaman peşimi bırakmadı. Dedemle telefonda konuştuğumda kendisi bana Cooper Tepesi Festivali'ni ziyaret etmem gerektiğini söyledi. Böylece ben ve üç İngiliz arkadaşım bir öğleden sonra kendimizi bir tepede dik bir yamaçtan aşağı peynir yuvarlamaya hazırlanan yüzlerce kişinin yanında bulduk. Çılgınlık.

Cooper Tepesi Peynir Yuvarlama Festivali, Gloucester yakınlarında bir tepede düzenlenir ve adından da anlaşılacağı üzere 9 poundluk bir Double Gloucester peynirini tepeden aşağı yuvarlamayı ve yüzlerce gözükara insanın bir peynirin peşinden yuvarlanması üzerinedir. Herkes peyniri yakalamak ister, ancak genelde kimse bunu başaramaz. Peynirin bayır aşağı saatte 70 mil hıza ulaştığı bilinmektedir. Bu hız,

İngiltere'deki otoyollarında azami hıza eşittir. Bu şüphesiz peyniri yeme keyfi için yeni bir biçim: Normandiya'da ailemle beraber sakin bir çiftlikte peynir yemenin çok ötesinde. Tepede peynirin peşinden koşmak için hazır dururken çok farklı aksanları duymak beni şaşırtmıştı. Çocukken yığınla İngiliz'in ortasında tek Fransız olmanın, etrafımdaki tüm tuhaf insanlarla beraber eğlenmenin hayalini kurardım. Ancak Amerikan aksanını, İskoç aksanını, tüm dünyadan aksanları duyabiliyordum. Müthiş bir ortam vardı: Bu tuhaf festivale katılmak için çok sayıda insan uzun mesafeler kat etmişti.

Tepede durduğumda, tepeden aşağı yuvarlanmalara hazırlık olarak bir ambulansın gelmiş olduğunu görebiliyordum. Kendi kendime "durum ciddileşiyor" dedim. Öğleden sonranın ilk yarışı olduğu için tepeden aşağıya koşanları görme şansım olmamıştı. Ne umacağımı bilemiyordum. Kalbim küt küt atıyordu. Peyniri düşünmeyi bırakmıştım ve kendime ne gibi bir zarar vereceğim konusunda endişe duymaya başlamıştım! Yarış başlamadan hemen önce yanımdakilerden birisi bana evvelki yıl 20'nin üzerinde insanın hastaneye kaldırıldığını söyledi. Hastaneye gidip gelen ambulans o kadar yoğundu ki yarış ertelenmişti.

Bunu henüz söylemişti ki peynirin peşinden gitme sırasının bizde olduğunu simgeleyen düdük çaldı. İngiliz bayrağı desenli bir adam dev bir halka peyniri yuvarladı. Peynir bayır aşağı müthiş bir hızla yuvarlanıyordu. Arkada durduğum sırada erkeklerin ve kadınların bir arada peynirin peşinden koştuklarını gördüm. Çoğu renkli kıyafetler içerisindeydi. Bazılarıysa koruyucu kıyafet giymişti. Superman kostümlü bir adam yanımdan uçup gitti! Her şey gerçeküstüydü. Yavaş gitmeye ve kendimi yaralamamaya karar verdim, ancak çoğu kişi taklalar atıyor ve gerçekten çok hızlı koşuyorlardı. Yokuşun dibine varmıştım. Çok şükür ki yaralanmamıştım. Etrafıma bakınıp peyniri aradım, fakat hiçbir yerde yoktu. Yarışı kazanan Micky Mouse kostümlü biri peynirle beraber kaçmış ve peyniri biz geri kalanlardan saklamıştı!

Muhtemelen tüm bunların neden yapıldığını ve peynirin tadına bile bakılmadığını merak ediyorsunuzdur. İstediğimi gerçekleştiremediğim için hayal kırıklığına uğramıştım, ancak İngiliz kültürünün tuhaf yönlerinden birisine mükemmel bir giriş yapmıştım. Dedemin beni kucağına alıp İngilizlerin peynirle ilgili tuhaflıklarını ben de artık torunlarıma anlatabilecektim.

Almanya'da Erasmus

Seyahat etmeyi sever misiniz? Okumayı sever misiniz? İspanya'da, genel konuşursam tüm Avrupa'da, ikisini bir arada yapmanın bir yolu var: Erasmus bursu. Ne olduğunu biliyor musunuz?

Erasmus bursları Avrupa'da, Avrupa Birliği tarafından, her ülkeden öğrencilere verilir. Bu burslar, başka bir Avrupa üniversitesine gitmeni sağlar ve başka bir ülkede okumana destek olmak için "taşınma yardımı" adında küçük bir miktar aylık para yardımı yapar. Ayrıca her ülke, imkanları doğrultusunda öğrencilerine bir miktar yardımda bulunur. Gidilen ülkeler de genellikle öğrencilere yardımcı olurlar.

Bu yardımlara rağmen, Erasmus bursları genellikle okurken yaşamak için yeterli değildirler. Barselona, Paris veya Berlin gibi büyük bir Avrupa şehrinde yaşamak oldukça zordur. Öğrenciler, bu deneyimi yaşayabilmek için genellikle ailelerinden finansal yardım alırlar. Benim gibi bazıları ise Erasmus sırasında çalışırlar.

Bir Erasmus bursu almak çok zordur. Erasmus programına katılmak isteyen birçok öğrenci vardır, ancak az sayıda yer bulunur. Birçok evrak işi ve dil sınavını içeren uzun ve sıkıcı bir başvuru sürecini yerine getirmeniz gerekir. Ancak, benim yaptığım gibi başarabilirseniz, unutulmaz bir deneyim sizi bekliyor olacaktır.

Adım Ramon ve yirmi altı yaşındayım. Yakında tıp eğitimimi tamamlayacağım. Kısa zaman sonra iyi bir doktor olabilmeyi umuyorum. Bu benim tutkum. Hastalara yardım etmeyi ve onları iyileştirmeyi istiyorum. Bir doktorun görevi çok önemlidir. Hastaneler ve ameliyathanelerin bizim sayemizde vardırlar. Hastanelerde çalışmak, hem doktorlar hem hastabakıcılar için zordur.

Geçen sene Erasmus bursunu almaya hak kazandım. Başta Fransa'ya gitmek istiyordum. Neden mi? Çünkü ailemle Barselona'ya yakın bir yerde yaşıyorum, Fransa da buraya çok uzak değil. Bunun yanında, dil de benim konuştuğum İspanyolcaya hatta Katalancaya oldukça benziyor. Bursa başvurup dil testlerine (İngilizce, Fransızca...) girdikten sonra birkaç ay beklemem gerekti. Zaman geçmek bilmedi! Fransızca kitaplar almaya başladım, Fransızca müzik ve Fransız radyosu dinledim.

Sonuçların açıklanacağı gün sonunda geldi. Üniversitenin giriş salonuna asılmışlardı. Fransa'da okumak için Erasmus bursu kazanan öğrencilerin arasında kendi adımı aradım, ancak bulamadım. Benim için büyük bir yıkımdı! Burs kazananlar arasında olmadığım gibi, yedekler arasında bile yoktum... Garip... Listeye bir kez daha baktın ve onu gördüm: Almanya için bir burs kazanmıştım. Almanya?! Orada ne yapabilirdim? Hemen bunu düşünmeye başladım.

Yönetim bürosuna gidip müdüre sorduğumda hiç şüphem kalmamıştı: Almanya için kimse başvuruda bulunmamıştı ve puanlara göre bana verebilecekleri tek yer orasıydı. Eğer reddedersem, muhtemelen hiçbir Erasmus bursundan ve birlikte gelen imkanlardan yararlanamayacaktım. Eve döndüğümde ebeveynlerim ve kız kardeşim beni, gitmem için cesaretlendirdiler. Almanya, ekonomik olarak güçlü bir ülkeydi ve muhtemelen zor bir dile sahipti, ancak kesinlikle orada çok fazla şey öğrenebilirdim. O yazın ardından Almanya'daki akademik yılıma başlamak için Berlin'e uçtum. Arkadaşlarımın İngilizce derslere ve kurslara girmesi aslında bana çok yardımcı oldu.

İlk günler benim için gerçekten zordu. Ne sokaktaki insanları ne de arkadaşlarımı anlıyordum ve günler gitgide kısalıyordu. Ancak kısa zaman sonra, hayatımı değiştiren bir an geldi: Oktoberfest veya İspanya'da kullandığımız adıyla Alman bira festivali. Genellikle Almanya'nın güneyindeki Münih'te yapılan ve Almanya'nın ana ürünlerinden biri olan bira ile ilgili, büyük bir festivaldi. Sınıfımdan çok hoş bir kız, festival atmosferini yaşamak için onunla ve arkadaşlarıyla Münih'e gitmem için beni davet etti ve ben de bu teklifi kabul etmeye karar verdim. Hayatımdaki en iyi haftalardan biriydi!

Dünyanın her yerinden birçok insanla tanıştım ve bol miktarda sosis, *sauerkraut, pretzel* ve daha birçok Alman yiyeceği yedim... Tabii ki hayatımda içtiğim en seçkin biralardan bazılarının tadına baktım. Hafta sonunda günlük yaşamımla baş edebilmek için kullanabileceğim Almanca birçok şey öğrendim: bir şeyler sipariş etmek, yeni kişilere kendini tanıtmak ve bilmediğin bir şehre taşınmak...

O zamandan sonra Greta benim en yakın arkadaşlarımdan biri oldu, onun ve arkadaş grubunun sayesinde Alman alışkanlıklarını yakından izleyebildim. Kısa zaman sonra korkunç olan şey başladı, soğuk Berlin kışı. Eğer Barselona'da yaşıyorsanız, sıfırın altında on derece gibi sıcaklıklar görmeniz tahmin edebileceğiniz gibi çok zordur. Bundan başka, Berlin'in üniversitesinin iş ilanları panosu sayesinde, kanserden etkilenen çocukların bakımı konusunda uzmanlaşmış, şehirdeki küçük bir hastanede uygulama eğitimine başladım. Başlarda benim için çok zordu, ancak o çocuklarla asla unutmayacağım birçok şey öğrendim.

Derslerime ve işime gitmek için şehrin en yaygın kullanılan taşıma aracı olan bisikleti kullandım. Bir hafta sonu bitpazarından ikinci el eski bir bisiklet satın aldım. Berlin'e özgü olan şeylerden biri de hafta sonu bitpazarlarıydı. Hayatımı yavaş yavaş düzenledim ve Erasmus sürecimin son günlerine yaklaşırken bahar geldiğinde, her şeyin ne kadar hızlı geçtiğine inanamıyordum. Orada edindiğim arkadaşlıkları hala koruyorum ve yakın bir zaman içerisinde oraya geri gitmek istiyorum.

Öğrendiğim her şeye rağmen, hala bazı Almanca sözcükleri doğru şekilde telaffuz edemiyorum! Dili unutmamak ve ilerletmek için haftada bir kez bir dil kursuna gidiyorum. Bunun yanında, Almanya'dan Barselona'ya gelen diğer Erasmus öğrencileri ile hafta sonlarında buluşarak dil değişimi yapıyoruz. Bu çok eğlenceli ve sürekli daha ilginç insanlarla tanışıyorum. Eğer yapabilirseniz bir Erasmus deneyimi yaşamanızı öneririm. Benim hayatımdaki en iyi deneyimlerden biriydi.

Birleşik Devletler... "tekerlekler üzerinde"

Benim adım Susana ve ben yirmi sekiz yaşındayım. Katalonya, Girona'daki bir şehirde yaşıyorum. Burası Barselona'nın kuzeyinde, arabayla bir saat uzaklıkta. Burası, Katalonya'nın en güzel, en sessiz ve en eski şehirlerinden biri. Eğer ziyaret etme şansınız olursa merkezi görmeyi unutmayın; hala Orta Çağ'da yaşıyormuşuz gibi görünüyor!

Seyahat etmeyi severim, ancak kendi işimi yaptığım için sıklıkla seyahat edemiyorum. Bu üzücü bir durum, ancak her zaman şirketimle ilgilenmem gerekiyor. Aslında o küçük bir aile işletmesi: Bir restoran. Restoran büyükanne ve büyükbabam tarafından altmış yıl önce açılmış, harika değil mi? Geçen sene şansım yaver gitti ve yazdan sonra restoranı birkaç günlüğüne kapatabildim. Sonunda tatili hak etmiştim!

Birçok ilginç ve harika yer var... Nereye gitmeli? Hayallerimden birisi Amerika'nın "Vahşi Batı"sını tanımaktı. Ben küçük bir kızken, büyükannem ve büyükbabam bana restoranda bakarlardı ve öğle yemeğinden sonra TV'de western filmler açarlardı. Hepsini izlerdim ve ev ödevimi yaparken ya da bir şeyler atıştırırken çok eğlenirdim. Birleşik Devletler'in batısına gitmeye karar vermenin nedeni de buydu. Birçok arkadaşım oraya gitmişti ve onların anlattıkları hikayeleri kıskanıyordum, ancak önerileri de benim için çok yararlı olmuştu. En iyi arkadaşım Marta da benimle gelebildi. O bir öğretmen ve o yıl aynı anda tatilimiz olması bir mucizeydi!

İnternet sayesinde, bugün Birleşik Devletler'in batısına bir seyahat hazırlamak gerçekten kolay. Eğer İspanyolca konuşuyorsanız, seyahate hazırlanmak için çok yararlı bazı internet siteleri var, aralarından benim favorim losviajeros. Onu neden bu kadar çok seviyorum? Çünkü o, bu bölgelere seyahat eden gerçek gezginlerin deneyimlerini paylaştığı, yorumlar yaptığı, görüşlerini, ipuçlarını ve önerilerini sundukları bir forum... Çok kullanışlı.

Tüm hafta boyunca seyahate hazırlanıyordum ve rezervasyonları yapıyordum: oteller, moteller ve tabii ki uçuşlar. Ne ben ne de arkadaşım Marta araba sürmeyi sevmiyoruz, bu yüzden trenler otobüsler ve bir yerden diğerine giden farklı taşıma araçları için biletler almaya çalıştım... Bu gerçekten zordu! Sonra bir forumda okudum ki... Birleşik Devletler'de seyahat etmenin en iyi yolu araba kullanmaktı! O anda seyahat planlarımız suya düşmüş gibi göründü. Marta da ben de çok kötü sürücülerdik. Ne yapabilirdik ki?

Marta bunun sorun olmayacağını söyledi. Hatta birlikte araba sürerken çok eğleneceğimizden emindi. Ancak yine de, seyahatimize başlamadan birkaç gün önce biraz alıştırma yaptık. İşlerin ters gitmesini istemiyorduk!

Birleşik Devletler'e ulaştığımızda ilk olarak kiralık aracımızı aldık. Sadece ikimiz için bir arabamız vardı! Mutluyduk, heyecanlıydık ve beklentilerle doluyduk! On üç saatlik uçuş sadece iki saat sürmüş gibiydi. Önümüzde binlerce kilometre vardı ve ne kadar erken başlarsak o kadar iyi olacağını düşünüyorduk!

Araç kiralama ofisine ulaştığımızda neredeyse

bayılacaktık. Çok uzun bir sıra vardı ve arabamızı almamızın en azından bir saat süreceğini söylemişlerdi! Bu çok sıkıcıydı. Neden bu kadar çok insan araba kiralıyordu? İspanya'da bir yolculuk yaparken araba kiralamak çok yaygın değildir. Bunu genellikle, örneğin bir adaya seyahat ederken yaparız. Ancak bunun dışındaki yerlerde, istediğiniz her yere giden otobüsler ve trenler vardır. Kısa zaman sonra neden bu kadar çok insanın araba kiraladığını öğrendik, Birleşik Devletler devasaydı! Bizim için şaşırtıcı biçimde, İspanya'daki kadar çeşitli ve sık toplu taşıma yoktu. Bu yüzden ülke içinde seyahat ederken bir arabaya ihtiyacınız vardı ya da en azından bir tanesine sahip olmak çok daha iyiydi: Gideceğiniz yere daha konforlu bir şekilde ve daha hızlı ulaşabilirdiniz.

Sonunda bankoya ulaştık. Arkadaşım Marta çok iyi İngilizce konuşuyordu ve bankoda bize hizmet sunan kıza bizi mükemmel bir şekilde anlattı. Birkaç dakika içerisinde arabamızın anahtarlarını aldık. Küçük bir araba almıştık, ikimiz için yeterliydi... Ne yalan ama! Devasa bir SUV almıştık! Bunun bir hata olduğunu düşündük, ancak aslında hata yapan bizdik. Bankodaki kız küçük arabalarının kalmadığını ve bize dev bir araba vereceğini söylemişti. Bilirsiniz... Dil problemleri.

Kocaman arabamıza binmek için neredeyse "tırmanmamız" gerekti. Bindiğimizde arabadaki şeyleri merak ediyorduk: GPS, radyo, uydu radyosu ve park ederken görmek için bir kamera! İspanya'da böyle bir araba lüks sayılırdı, bizim arabalarımızda genellikle böyle "ekstraların" hiçbiri bulunmaz. Marta arabayı çalıştırdı ve... Bir saniye! Debriyaj nerede? Vites kutusu? Gidemiyoruz! Bu bizim ilk sürprizimizdi...

Birleşik Devletler'de neredeyse tüm arabalar otomatikti! İspanya'da durum bunun tam tersidir! Yine de itiraf etmeliyim... "Amerikan tarzı" bir arabayı sürmek çok daha konforluydu ve her şeyin çok kolay oluşunu özlüyorum.

Kafa karışıklığı ile geçen birkaç dakika sonrasında yola çıktık. Los Angeles'a vardık ve ilk gideceğimiz yer plajdı, Santa Barbara'da uyumak istiyorduk. Sürprizler bitmedi: Yollar ne kadar da büyüktü! Birleşik Devletler'de dört ya da beşten fazla şeritli yollar yaygınken, İspanya'da yollar genellikle iki ya da üç şeritliydi. Bu eğlenceli anlardan sonra birkaç kez kaybolduk ve sonunda Santa Barbara'ya vardık. Orada birkaç harika gün geçirdik, ancak Las Vegas'ta da birkaç gece geçirmek istediğimiz için kısa süre sonra ayrılmamız gerekti.

Ayrıldığımızda, bilmeden daha az trafiği olan bir yola girdik. Bazı tabelalarda doları gösteren işaretler vardı... Ücretli bir yol olabilir miydi? Hiçbir fikrimiz yoktu. Bir süre sonra çok daha fazla trafiği olan bir yere ulaştık. Birkaç ay sonra eve bir ceza geldi: Ödeme istasyonunu fark etmeden geçmiştik! İspanya'da tüm ödeme istasyonlarında bariyerler bulunur, Ancak orada hiçbir bariyer yoktu ve ödeme yapmamız gerektiğinin farkında değildik. Bunlar Birleşik Devletler'de, tekerlekler üzerinde seyahat etmeyi sevdiğimiz bir ülkede yaşadığımız "küçük maceraların" sadece birkaçı.

Bu size söyleyeceğim son şey ve kesinlikle sesli bir şekilde güleceksiniz. İlk sefer benzin almaya çalıştığımızda neredeyse alamıyorduk. Benin pompası çok karmaşıktı, onu anlamadık. Sonunda çok iyi, yaşlı bir kadın (neredeyse seksen yaşında!)

biz gençlere tüm bu teknolojiyi "anlatmak" için yanımıza geldi. Tüm bunlara rağmen, Birleşik Devletler'e tekrar seyahat edeceğiz ve bu güzel ülkeyi tekerlekler üzerinde keşfetmeye devam etmek için tatilimizi sabırsızlıkla bekliyoruz.

Japonya'da İlişkiler

Japonya kendine has bir ülke. Geleneklerine göre izole edilmiş, yüzyıllar boyunca yalnızca en yakın kıta komşularıyla iletişim içinde olmuş bir ada. İşin aslı, Japonya kendini dünyaya 18. Yüzyılda açtı ve bu halkını, geleneklerini ve kültürlerini de etkiledi.

Japonya'yı iş için veya çalışma amaçlı ziyaret ettiğimde beni en çok etkileyen şeylerden biri ülkenin insanları ve bireysel ilişkileri olmuştur. Japon gelenekleri ile batılı ülkelerin gelenekleri arasındaki farkları ciddi anlamda fark etmeye başlayışım iş için orada yaşadığım üç yıl içinde gerçekleşti.

Her şeyden önce, batılı geleneklere hiç benzemeyen bir iş dünyası adabı ve protokolleri var. Örneğin birine kartvizit verirken veya birinden kartvizitini alırken iki elinizi de kullanmanız gerekiyor. Japon halkı yorucu iş günleri boyunca, uzun saatlerle ve çok yoğun bir şekilde ciddi anlamda çok çalışıyor. Bazısı evlerine giden son treni kaçırıp, büyük şehirlerde rastlayabileceğiniz kapsül otellerde geceyi geçirmek zorunda kalabiliyor. Bu otellerde bir oda için değil fakat, başkalarınınkinin hemen dibinde bulunan fakat size özel bir yatak için ödeme yapıyorsunuz. Bu fikri hiçbir şekilde sevemedim.

İkincisi, yemek yeme ve pişirmeye adanmış dev bir kültürleri var. Japon halkına göre yemek tam anlamıyla bir ritüel. Japonya'ya giderseniz, bir çay seromonisi veya bir Japon üst düzey yemeği olan kaiseki yemeğinden zevk alabiliyorsanız, bu durumu takdir edeceksinizdir. Japonya'da asla çubuklarınızı pilavın içine saplamamanız gerekir; çünkü bu bir cenaze ayinidir. Ayrıca çok kibar olmanız gerekir; örneğin biriyle yemek yiyorsanız, önce karşınızdakinin bardağını doldurmalısınız ve onun da sizinkini doldurması için beklemelisiniz!

Son olarak, aile ve bireysel ilişkilerden, kızlarla randevuya varan konular var. Genelde bunlar hemen her kültürde en karmaşık olan ilişkilerdir, değil mi? Japonya'da çok daha karmaşık!

Japonlar uç seviyelerde kibar, davetkar ve hoş görülü. Bir keresinde kaybolmuştum ve bir adam ben en yakın otobüs durağına varıncaya kadar, adamın gittiği yönün tam tersi yönde 2 km kadar benimle birlikte yürüdü. Bununla birlikte sosyal grupları oldukça özel ve kapalı, onlarla arkadaş olmak hiç de kolay değil.

Japon kızlarıyla çıkmaktan bahsetmiyorum bile... Japon kadınları çekingen ve genelde yabancılarla konuşmuyorlar. Oldukça gösterişliler, kendilerine bakmayı seviyorlar ve bunu çılgınlığın sınırlarına varacak kadar ileri götürüyorlar. Örneğin birçoğu kendilerini tepeden tırnağa güneşten koruyor ve ciltlerinin geleneksel beyaz tonunu korumaya çalışıyor.

Japon toplumunda kadının yeri yabancı misafirlere göre oldukça garip. Japon kadınları modern, daha önce de söylediğim gibi, kendilerine bakıyorlar, üniversiteye gidiyorlar, kız ve erkek arkadaşlarıyla dışarı çıkıyorlar. Fakat onlardan "yalnızca belirli bir süre için" modern kadınlar olmaları bekleniyor. Bir başka deyişle: Evlenene kadar. Japonlar, bir kadının evlendikten sonraki rolünün evine ve ailesine, yani kocasına ve çocuklarına, bakmak olması gerektiğini düşünüyorlar.

Japonya'da aile kutsaldır ve saygı duyulur, dolayısıyla kadınlar, yaşlılara da, hem kendi ailesindeki hem de kocasının ailesindeki büyük anne ve babalara da bakmak durumundadır. Japonya'da yaşlanmadaki progresif artış nedeniyle ülkedeki yaşlı nüfusu artmış durumda. Yaşlılara saygı gösteriliyor fakat bunlar ailelerine bakmak zorunda olan genç kadınlar için problem de oluşturuyor.

Japon erkeklerinin omuzlarında büyük sorumluluklar var; ailelerine bakmak, ihtiyaçları olan her şeye sahip olduklarından emin olmak ve hepsinin ötesinde, bir çalışan olarak şirketleri içinde saygınlık ve daha fazla para kazanabilmek için şirket içi basamaklarda yükselmeye çalışmak gibi!

Bununla birlikte, birçok kadın yavaş yavaş bu rolleri değiştirmeye çalışıyor. Profesyonel hayatlarını uzatmaya çalışıyorlar. Bu çok normal çünkü şiketlerde çok enteresan konumlarda bulunuyor olmaları aralarında sık rastlanan bir durum. Ayrıca erkek iş arkadaşları kadar disiplinliler ve çok çalışıyorlar. Buna karşın bu durum maaşlarına yansımıyor; çünkü bir erkeğin kazandığının %66'sını kazanmak durumundalar. Bence bu hiç adil değil.

Ne kadar da ciddi ve zor görünüyor! Değil mi? Yine de birkaç Japon kızla dışarı çıkmayı başardım. Japonya'da tipik bir randevu, bir kızla çıktığınız zaman, etrafta seçebileceğiniz birçok seçenek arasından birinde hızlı bir şeyler yemektir. Hesabı sizin ödemeniz gerektiğini söylememe gerek bile yok. Burada erkeğin rolü kadına ihtiyacı olan her şeyi verebileceğini kanıtlamaktır.

Japonya'da randevu için gidilebilecek çok fazla seçenek var. Burası eğlence ve boş vakit geçirmeye adanmış bir ülke. Japonların büyük çoğunluğu gibi siz de bir şehirde yaşıyorsanız bu tarz yerlerden fazlasıyla bulabilirsiniz. Japon şehirleri gerçekten devasa. Örneğin yalnızca Tokyo'nun nüfusu, neredeyse İspanya'nın tüm nüfusuna eşit. İnanılmaz, değil mi?

Japonya'da bir kızı eğlenmek amacıyla dışarı çıkartmak için yapılabilecek en iyi şey ilk birkaç buluşmada işleri ağırdan almak ve her şeyin üstünde, birçok kişiyle birlikte eğlenceli yerlere gitmek gerekir. Aksi halde kızlar biraz baskı altında kalmış hissedebilir veya biraz çekingen davranabilir. Normalde bir kızla yalnız başınıza buluşmaya çıkmadan veya onu daha özel ve daha küçük bir restorana götürmeden önce birkaç kez dışarı çıkmanız gerekir.

Benim en sevdiğim yerler karaoke barları ve atari salonları. Sonuçta buralar her zaman yeni arkadaşlar edindiğiniz, genç insanlarla dolu, eğlenceli yerler. Ayrıca Japon kızları bir İspanyol erkeğinin çılgın Japonca şarkıları söylemeye çalışmasını inanılmaz derecede eğlenceli bulabiliyor. Atari salonları da harika. Oralara bir kızla gidip onun için birçok farklı hediye ve doldurulmuş oyuncak kazanabilmek için aylarca pratik yapmam gerekti. Buna bayıldılar ve böylece birçok gülümseme kazandım.

Hiçbir zaman bir Japon kızla çok uzun süre

çıkmadım. Sonuçta kızlar kendilerine bir koca arıyorlar ve ben de belirli bir süre için orada bulunuyordum. Japon arkadaşlarım bana, kızların aileleriyle tanıştıktan sonra işlerin bir miktar ciddiye bindiğini söyledi. Japon kız arkadaşınızın ailesiyle tanışmak başlı başına bir tören. Son derece saygılı olmanız gerekiyor, aileye küçük bir hediye götürmeniz ve çok özel bir dil formunda konuşmanız gerekiyor v.s. Elbette bunlar işler ciddiye bindiğinde ve siz o kızla evlenmek istediğinizden kesin eminseniz normal olarak gerçekleşiyor.

Gördüğünüz gibi Japonya'da ilişkiler karmaşık, protokoller ve ritüellerle dolu. Orada geçirdiğim zamandan büyük keyif aldım fakat aynı zamanda kendi köklerime ve her şeyi anladığım, her zaman ve her an nasıl davranmam gerektiğini bildiğim kendi geleneklerime döndüğüm için de oldukça rahatladığımı hissettim.

ENGLISH

The Cheese Rolling Festival

My name is Robert and I'm going to tell you a story about how I ended up in the middle of an English field frantically chasing cheese down a hill.

Growing up in a small French village in the region of Normandy, eating was a big part of our family life for as long as I can remember. Eating represented an occasion for the whole family to get together, to share stories and to enjoy each other's company. My favourite part of the meal was always when the cheese was brought to the table, and being brought up in France I was spoilt for choice – there are almost 400 different types of cheese produced across the nation and I think I must have tasted all of them. It didn't matter what kind of cheese it was – goat, ewe, blue, cow – if it was available I would eat it. I became famous in my family for just how much I loved cheese: you won't be surprised to hear I was a little on the chubby side as a child!

Where I used to live in Normandy, I grew up being able to see Jersey, one of the Channel Islands that belong to the United Kingdom. My granddad used to sit me on his knee and tell me stories about England and the times he had visited the islands on the ferry. As I was young and curious, I wanted to go there. And when I got there, I wanted to eat cheese! So one day we all agreed to catch the ferry from a town called St Malo and made the short journey to the island. It was my first time abroad and I remember thinking how different everything felt: the language sounded peculiar, the architecture was different to anything I had ever seen and the food was nothing like I had tasted at home. Luckily, my granddad could speak good English, and he started a conversation with a local shop owner about the differences in food. He told the shop owner that I loved cheese, and this is where I first found out about a festival in England called 'Cooper's Hill Cheese Rolling'. I found out that not only did people in England have cheese, but it was so good they were willing to chase it down a hill and fight other people for it. A festival where people chased after food because it was so tasty? I couldn't wait to go there.

Well, I had to wait a little while to get there: 9 year olds can't make the journey to England alone. My time to visit came later, whilst I was in England studying for a year as part of my postgraduate university course in London. The story about chasing cheese down a hill never left me, and while talking to my granddad on the phone, he said that I should make plans to visit the Cooper's Hill festival. So, three English friends and I found ourselves one afternoon, stood on top of a hill with literally hundreds of other people, waiting to chase a piece of cheese down a steep field. Madness.

The Cooper's Hill Cheese Rolling festival is held near the city of Gloucester and, just like the name suggests, involves rolling a 9lbs piece of Double Gloucester Cheese down a hill whilst hundreds of daredevils chase after it. Everyone wants to catch the cheese, but quite often no one manages to get a hand on it: it has been known to get up to speeds of 70mph on its way down! That's the same as the legal speed limit on an English motorway. This is certainly a novel way to enjoy eating cheese: a far cry from eating it with my family on a quiet farm in Normandy. As I stood on top of the hill, getting ready to chase the cheese, I was surprised to hear lots of different accents around me. As a child I had imagined being the only Frenchman among a sea of English people, an outsider joining in the fun of all the eccentrics around me. But I could hear American accents, Scottish accents, accents from all over the world. There was a great atmosphere: a lot of people have travelled a long way to take part in this strange festival.

As I stood at the top, I could see that an ambulance had arrived in preparation for the chase down the hill that was about to happen. This is getting serious, I thought! As this was the first race of the afternoon, I hadn't had the chance to see anyone else running down the hill. I didn't know what to expect. My heart was thumping. I'd stopped thinking about the cheese and started worrying about what kind of damage I was about to do to myself! Just as the race was about to start, one of the people next to me told me that over 20 people were taken to hospital the year before. The ambulance was so busy taking people backwards and forward from the hospital that the race even had to be delayed....

Just as he said this, the whistle went to signal that it was our turn to chase the cheese. A man dressed in a Union Jack suit rolled a huge circle of cheese down the hill and it was flying down the hill at great speed. As I stood at the back, I saw both men and women running after it: many were in fancy dress, some had protective clothing on. A man dressed as Superman flew past me! It was all very surreal. I decided to go slow to make sure I didn't hurt myself but many others were doing somersaults and running really fast. Before I knew it, I was at the bottom of the hill. Thankfully, I was not injured. I looked around for the cheese, but it was nowhere to be seen: the person who had won dressed as Micky Mouse had ran off with it and hidden it from the rest of us!

So you're probably wondering what the point of going all that way was and not even getting to taste the cheese. I was disappointed not to get what I wanted, but it was an excellent introduction to some of the stranger aspects of English culture. And just as my granddad used to sit me on his knee and tell me about some of the strange things that Englishman will do for cheese, I'll be able to do the same for my grandchildren.

My Erasmus in Germany

Do you like travelling? Do you like studying? In Spain - generally speaking, in all of Europe - you can combine the two things: with an Erasmus scholarship. Do you know what it is?

Erasmus scholarships are awarded by Europe, the European Union, to students from all countries. These scholarships give you a university place in another European university and a small monthly grant so that you can study in another country, a "mobility aid". Moreover, each country can pay more or less aids to its students, it depends on each state's possibilities. And the target countries often help the students, too.

Despite these aids, Erasmus grants are often not sufficient to live while you study. It's very expensive to live in a big European city like Barcelona, Paris or Berlin. Students usually get financial support from their parents in order to be able to live this experience. Some, like me, work during the Erasmus stay.

Getting an Erasmus scholarship is very hard. There are lots of students who would like to take part in the Erasmus programme, and only a few places. You have to carry out a lengthy, ponderous application process, with language tests and lots of paperwork. But if you make it, just like me, it will be an unforgettable experience.

My name is Ramon and I'm twenty-six years old. I'm finishing my medicine studies soon. I hope I will be a good doctor soon. It's my passion. I would like to help patients and to heal them. A doctor's task is very important. Hospitals and doctor's surgeries exist thanks to us. Working in hospitals is quite hard, both for doctors and nurses.

Last year I had the chance to take part in an Erasmus scholarship. At first I wanted to go to France. Why? Well, I live with my family in a place near Barcelona, France is not far away. Besides this, the language is similar to Spanish and even more similar to Catalan, which I also speak. After applying for the scholarship and doing the language tests (English, French...) I had to wait for some months. It was such a long wait! I started to buy books in French, I listened to French music and also to the French radio.

The results' day finally came. They were put up in the university's foyer. I looked for my name among the students who had received an Erasmus place for France, and I wasn't there. That was a serious blow for me! I was neither among those who had received a scholarship, nor among the substitutes... Weird... I looked at the lists once more and then I saw it: I had received a scholarship for Germany. Germany?! What should I do there?, I thought immediately.

I went to the administrative office to speak to the manager and there was no doubt: nobody had applied for Germany and, on the basis of points, it was the only one they could give me. If I didn't accept, I would probably get no Erasmus scholarship, with all the opportunities which were related to it. Once at home, my parents and sister encouraged me to go on. Germany was an economically strong country, perhaps with a difficult language, but I would surely have the chance to learn a lot there. So after that summer I flew to Berlin to start my academic year in Germany. The fact that my colleagues attended lessons and courses in English helped me a lot.

The first weeks were really tough for me. I didn't understand neither the people on the street nor my colleagues and the days got shorter and shorter. But soon came a moment which changed my life: the Oktoberfest, or the German beer festival, as we call it in Spain. It's a big festival which usually takes place in Munich, in the south of Germany and pays homage to one of Germany's main products: beer. A very likeable girl from my course invited me to travel to Munich with her and her friends and to experience the festival's atmosphere there, and I decided to accept her invitation. It was one of the best weeks in my life!

I met lots of people from all over the world, ate lots of sausages, sauerkraut, pretzels, and other German specialities... And of course I tasted some of the most exquisite beers I drank in my life. During that weekend I learnt many things in German which helped me cope with everyday life: how to order something, how to introduce yourself to new acquaintances, how to move in a city you don't know...

Greta has become one of my best friends since then, and thanks to her and her group of friends I got to know German habits from close up. Soon came the terrible, cold Berlin winter. If you live in Barcelona, it's very hard to experience temperatures of ten degrees below zero, as you can surely imagine. Moreover, thanks to Berlin's university's job board I could start a practical training in a small hospital in the city, which was specialised in the care of children affected by cancer. It was very hard for me, but I have learnt so much with those kids, I'll never forget it.

To reach my lessons and work I moved by bike, which is one of the city's most widely used means of transport. I bought an old second-hand bike in one of the weekend flea markets. It was one of Berlin's more typical things, the weekend flea market. So I organised my life little by little, and when spring came, near the last days of my Erasmus stay, I couldn't believe how fast everything had passed. I keep my friendships from there and I would like to come back there soon.

Despite everything I have learnt, I still can't pronounce many German words correctly! I attend a language school once a week not to forget the language and to practise it further. Besides that, at the weekend I meet other Erasmus students who have come to Barcelona from Germany and we have a language tandem. It's very funny and I meet more and more interesting people. So I recommend you to try an Erasmus stay, if you can. It's one of the best experiences of my life.

United States..."on wheels"

My name is Susana and I am twenty-eight years old. I live in a city in Catalonia, Girona. It is in the north of Barcelone, just an hour to drive by car. It is one of the most beautiful, quietest and oldest cities of Catalonia. If you have the chance to visit it, do not miss to visit the center: it seems like we are still living in the Middle Ages!

I love to travel, but as I run my own business, I cannot travel frequently. It's a pity, but I always have to pay attention to my firm. Well, actually it is a small family business: a restaurant. The restaurant was founded by my grandparents over sixty years ago, incredible, isn't it? However, last year I was lucky and was able to close the restaurant some days after the summer. Finally I should have my deserved vacation!

Now, with so many interesting and wonderful destinations... Where to go? One of my dreams was to get to know the "Wild West" of America. When I was a little girl, my grandparents took care of me in the restaurant and used to put Western films on the TV after lunch. I watched them all and had a lot of fun while doing my homework or having a snack...That's why I decided to go to the West of the United States. I had a lot of friends who had already been there and I was jealous of all their stories, but their advice were very useful to me. My best friend Marta could also come with me. She is a teacher and it was a miracle that we had vacation at the same time that year!

Thanks to the internet, today it is really easy to prepare a trip to the west of the United States. If you talk Spanish, there are a few websites which are very useful to prepare trips, my favourite one is losviajeros. Why I like it so much? Because it´s a forum where real travellers who have visited those destinations share their experience, make comments, give their opinion, tricks and advice... That's very useful.

I was preparing the trip and booking everything during a whole week: hotels, motels and the flights, of course. I don't like driving and neither does my friend Marta, so I tried to book tickets for trains, busses and other means of transport to travel from one site to another... Now that was really difficult! Then I read in a forum that... The best manner to move across the United States is driving! In that moment our trip seemed to fail. Marta and I were terrible drivers. What were we able to do?

Marta said that it wasn't a problem at all. She was sure that together we could even have fun when driving a car. But, just in case, we practiced some days before our voyage. We didn't want anything going wrong!

When we arrived in the United States, we first picked up our rental. We have a car just for us! We were happy, excited and full of expectations! It seemed that the flight of thirteen hours had passed in only two. We had thousands of kilometres in front of us and wanted to start the earlier, the better!

When we arrived to the office of the car rental, we almost fainted. There was such a big queue of people and we were told that it would take at least an hour to get our car! That was very boring. Why were there so many people renting a car? In Spain it is not very common to hire a car on a trip. We usually do it when we travel to an island, for instance. But at the rest of places, there are a lot of trains and busses taking you wherever you want to go. We discovered soon why so many people wanted a car, the United States are enormous! And to our surprise, there is no public transport system with such a frequency and variety as in Spain. That's why you need a car to move across the country, or at least it is much better to have one: you can travel faster and in a more comfortable way wherever you want to go.

Finally we arrived at the counter. My friend Marta talks English very well and we understood ourselves perfectly with the girl who was serving us at the counter. In a few minutes, we received the keys of our car. We had booked a small car, that was enough for the two of us... but what a lie! We got an enormous red SUV! We thought it was a mistake, but actually we had been mistaken. The girl at the counter had adverted that they had run out of small cars and that they had to give us that giant car. You know... Language issues.

We almost had to "climb" to get into that huge car. Once inside, we stared in wonder at all the things the car had: GPS, radio, radio by satellite and a camera to see how to park! In Spain, a car like this would have been a real luxury, our cars usually don't have any of these "extras". Marta started the car and... Just a second! Where is the clutch? And the gear box? We cannot move! That was our first surprise... In the United States, almost all cars are automatic! In Spain it's just the other way round! Nevertheless, I have to admit ... That it is much more comfortable to drive a car with "American style" and I miss a lot that everything is so easy.

After these few moments of confusion, we got on the road. We had landed in Los Angeles and our first destination was the beach, we wanted to sleep at Santa Barbara. The surprises didn't stop: how huge the roads were! More than four or five lanes is usual for highways in the United States, meanwhile we just have a pair of lanes in Spain, or maybe three. After these first funny moments, we got lost a few times and finally reached Santa Barbara. We spent a few wonderful days there, but had to break up soon as we wanted to spend some nights in Las Vegas.

When we left, we drove without knowing well into a road with less traffic. On some signs there was something indicating dollars... Maybe it was a toll road? We didn't have a clue. After some time, we arrived at a place with much more traffic. Some months afterwards, a ticket arrived at home: we had passed the toll station without knowing! That's because in Spain, all toll stations have barriers, but there, there weren't any barriers and we were not aware of that we had to pay. These have been only a few of our "little adventures" in the United States, a country we finally loved to cross on wheels.

This is the last one I have to tell you, you will laugh out loud for sure. The first time we tried to get petrol, we almost couldn't. The gas pump was so complicated, we didn't understand it. Finally a very nice old lady (almost eighty years old!) came to help us youngsters to "understand" all of that technology.

In spite of all this, we will repeat our trip to the United States and we are looking forward to have vacation again to continue discovering this beautiful country on wheels.

Relationships in Japan

Japan is a universe of its own. An island traditionally isolated which, for centuries, had contact only with its nearest continental neighbours. In reality, Japan opened itself to the world in the 18th Century and this has influenced its people, customs and culture.

When I used to visit Japan for business or with work, one of the things that would leave an impression on me was the country's human and personal relationships. It was when I had to spend three years of my life there due to work when I really started discovering all the differences that exist between their and the occidental customs.

First of all, you had the whole etiquette and protocol associated with the business world, which doesn't resemble the occidental one at all! For example, giving or receiving a business card from somebody needs to be done using both hands. Japanese people work really hard during exhausting working days that are many hours long and very intense. Some even miss the last train home and end up sleeping in one of the capsule hotels, which you can find in the big cities! In these hotels you don't pay for a room, but for a capsule, a bed very near others but private. I didn't like the idea whatsoever.

Secondly, there was the whole culture with regards to food and cooking. For Japanese people, food is a true and complete ritual. You will appreciate this if, when you go to Japan, you are able to enjoy a tea ceremony or a kaiseki meal, which is the Japanese haute cuisine. In Japan, one should never stick the chopsticks in the rice, as this is a funerary rite. You should also be very polite; for example, when eating with someone, always fill the other person's glass first, and wait for that person…. to fill yours!

Lastly, there were all the family and personal relationships, dating girls, etc. Usually, these are the most complicated types of relationships in all cultures, right? Well, in Japan, even more so!

Japanese people are very kind, inviting and welcoming; to extreme levels. I once got lost and a man walked with me for around two kilometres until reaching the closest bus stop, located in the opposite direction to where he was going! However, their social groups are quite private and closed, and it's not easy becoming friends with them.

Not to mention going out with a Japanese girl… Japanese women are timid and, generally, they don't speak to strangers. They are very vain: they love looking after themselves, and they do so to extremes that borders on madness. For example, a lot of them are covered from head to toe to protect themselves from the sun and preserve their traditional and natural white skin tone.

The woman's role in Japanese society is extremely odd to a foreign visitor. Japanese women are modern, as I was saying: they look after themselves, they have gone to university and they go out with their girl-friends and boy-friends. However, it is expected of them to be modern women just for "a certain period of time". Which means: until they get married. Once they get married, Japanese people believe the woman's role should be looking after the house and family, referring to her children and husband.

In Japan, family is also revered and respected, and therefore women also look after the elderly: the grandparents, from both her and her husband's sides. Due to the progressive ageing of its population, the number of elderly people has increased; they are respected, but they pose a problem to these young women that look after their families.

Japanese men have a great responsibility on their shoulders: looking after their families, making sure they have everything they need and, above all, trying to climb the corporate ladder within their companies, in order to earn more money and honour as workers.

However, a lot of women are trying, little by little, to change these roles. They try to lengthen their professional lives. It is normal because the common thing is for them to hold very interesting positions in their companies. They are also as disciplined and hard-working as their male colleagues. Nonetheless, this is not reflected in their salaries, because they on average earn 66% of what a man would earn. I think this is very unfair.

How serious and difficult it all seems! Right? Still, I managed to go out with a few Japanese girls. Typical dates in Japan, when going out with a girl include a quick bite out, picking from the many available choices around. Needless to say: you always have to get the bill. Again, the role of the male is to prove that he can give the woman everything she needs.

There are many options for a date in Japan. It is a country full of places dedicated to leisure and fun. If you live in a city, like most Japanese people do, you will find even more of these places. Japanese cities are really huge. For example, in Tokyo alone, the population is nearly the same as in the whole of Spain. Incredible, right?

To bring a girl out to have some fun in Japan, the best thing is to take it slowly during the first few dates and, above all, to go to fun places with a lot of people. Otherwise, girls could feel a bit overwhelmed, or turn very timid. Normally, it would take a few dates before being alone with her, or before taking her to a more intimate and smaller restaurant.

My favourite places were the karaoke bars and amusement arcades. They are fun places full of young people where, ultimately, you always end up making new friends. Japanese girls also find it incredibly amusing seeing a Spanish man trying to sing crazy Japanese songs. The amusement arcades are great. I practised for months to be able to go there with girls and win a lot of different gifts and stuffed toys for them! They loved that and that way I won a lot of smiles.

I never went out with a Japanese girl for too long. Ultimately, they looked for a husband and I was only in Japan for a period of time. My Japanese friends told me that things get quite serious once you meet their family. Meeting your girlfriend's parents in Japan is quite a rite in itself. You have to be very respectful, bring a little gift for the family, use a special respectful form of language, etc. Of course, this is done normally when things are very serious and you are pretty much sure you want to marry that girl.

As you can see, relationships in Japan are complicated and filled with protocols and rituals. I enjoyed my time there very much, though I also felt very relieved when I came back to my roots and customs, where I understood everything and knew how I had to behave each given time and moment.

Recommended Books

Other similar books:

Learn Turkish - Bilingual Book
The Life of Cleopatra
by Bilinguals

Learn Turkish - Bilingual Book
The Adventures of Julius Caesar
by Bilinguals

Learn Turkish - Bilingual Book
Vercingetorix vs Caesar
The Battle of Gaul
by Bilinguals

This book is part of the Learn Turkish - Parallel Text Series:

Learn Turkish - Parallel Text
Easy Stories

Learn Turkish II - Parallel Text
Short Stories

All Rights Reserved
eBook Edition
Copyright © 2015 Polyglot Planet
Text: Martina Nelli, David King, Andrew Wales, Maria Rodriguez
Editors: Michael Sullivans, Julia Schuhmacher,
Illustration: © lilligraphie (mod) / Fotalia.com
Olesha / Depositphotos.com (mod)
Website: www.polyglotplanet.ink
Email: polyglot@polyglotplanet.ink

Made in United States
North Haven, CT
15 June 2024

53685014R00055